D0597258

Auteur : Dominique de Saint Mars

Après des études de sociologie,
elle a été journaliste à *Astrapi*.
Elle écrit des histoires
qui donnent la parole aux enfants
et traduisent leurs émotions.
Elle dit en souriant qu'elle a interviewé
au moins 100 000 enfants...
Ses deux fils, Arthur et Henri,
ont été ses premiers inspirateurs !
Prix de la Fondation pour l'Enfance.
Auteur de *On va avoir un bébé*,
Je grandis, *Les Filles et les Garçons*,
Passeport pour l'école
et *Léon a deux maisons*.

Illustrateur : Serge Bloch

Cet observateur plein d'humour
et de tendresse est aussi un maître
de la mise en scène.
Tout en distillant son humour généreux
à longueur de cases, il aime faire sentir
la profondeur des sentiments.

Lili est amoureuse

Collection dirigée par Dominique de Saint Mars

Imprimé en CEE
ISBN : 2-88445-062-9

Ainsi va la vie

Lili
est amoureuse

Dominique de Saint Mars

Serge Bloch

CALLIGRAM

CHRISTIAN GALIMARD

13

17

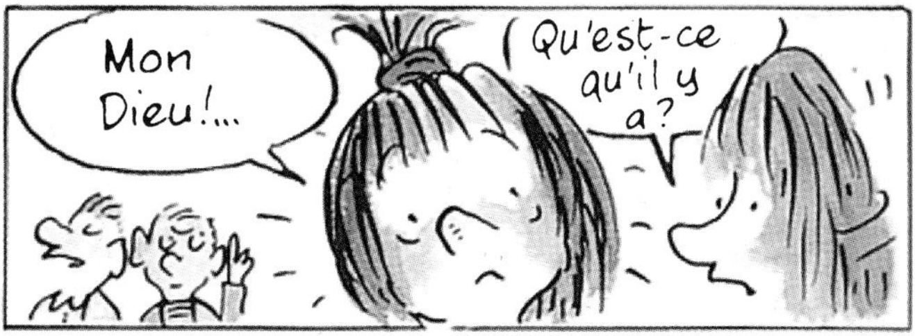
Mon Dieu!...
Qu'est-ce qu'il y a?

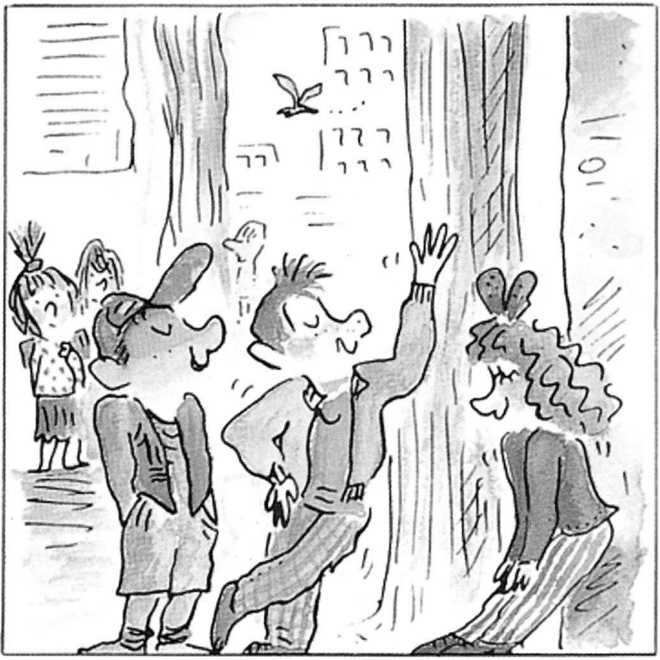

19

21

*Cette expression est de Victor Hugo

25

30

Préférez-vous les garçons...

courageux? ☐

indifférents ☐

menteurs ☐

qui sont dans la même école? ☐

qui demandent pardon? ☐

qui habitent loin? ☐

froussards? ☐

amoureux? ☐

francs? ☐

qui sont dans une autre école? ☐

qui ne demandent jamais pardon? ☐

qui habitent près de chez vous? ☐

Si vous avez plus de 5 croix, faites renvoyer cette lettre au ver de terre qui attend derrière le mur.

38

Et toi...

T'es-tu déjà senti comme Lili ?

Es-tu plus gai(e) ? Ne penses-tu qu'à lui (ou à elle) ?
As-tu envie de lui faire des cadeaux ?

Sais-tu comment lui dire que tu l'aimes ?

As-tu besoin d'en parler avec un(e) ami(e) ?
Pour partager tes secrets, pour te faire aider ?

40

Est-ce que ça te donne du courage pour le travail
en classe ou ça t'empêche de te concentrer ?

As-tu peur que quelqu'un d'autre plaise plus que toi ?
As-tu déjà ressenti de la jalousie ?

Cherches-tu à plaire davantage
(vêtements, coiffure...) ?

Est-ce que ça ne t'intéresse pas
d'être amoureux(se) ? Préfères-tu avoir des amis ?

Penses-tu que ce n'est pas de ton âge
et que le grand amour, c'est pour plus tard ?

Es-tu du genre à dire "les garçons, c'est nul !", si tu es
une fille ou "les filles, c'est nul !" si tu es un garçon ?

42

Trouverais-tu difficile de dire que tu es amoureux(se) ?
Aurais-tu honte d'en parler ?

Te sens-tu moins beau (ou belle) que les autres ? As-tu
remarqué qu'on peut être aimé pour d'autres raisons ?

Tes parents respectent-ils tes secrets, ou as-tu peur
qu'ils les racontent à toute la famille ?

**Après avoir réfléchi
à ces questions
sur les sentiments amoureux,
tu peux en parler
avec tes parents ou tes amis.**

Dans la même collection